Campeones de la World Series: Los Oakland Athletics

El lanzador Jim "Catfish" Hunter

El lanzador Tim Hudson

CAMPEONES DE LA WORLD SERIES

LOS OAKLAND ATHLETICS

JOE TISCHLER

CREATIVE EDUCATION/CREATIVE PAPERBACKS

Publicado por Creative Education y Creative Paperbacks
P.O. Box 227, Mankato, Minnesota 56002
Creative Education y Creative Paperbacks son marcas
editoriales de The Creative Company
www.thecreativecompany.us

Dirección de arte por Tom Morgan
Diseño y producción por Ciara Beitlich
Editado por Jill Kalz

Fotografías por AP Images (John Hefti), Corbis (B Bennett, Don
Smith), Getty (The Conlon Collection, Focus on Sport, Otto Greule
Jr., Thearon W. Henderson, Al Messerschmidt, MLB Photos, National
Baseball Hall of Fame, George Rinhart, Jim Rogash, Jamie Squire)

Library of Congress Cataloging-in-Publication Data
Names: Tischler, Joe, author.
Title: Los Oakland Athletics / [by Joe Tischler].
Description: [Mankato, Minnesota] : [Creative Education and
    Creative Paperbacks], [2024] | Series: Creative sports. Campeones
    de la World Series | Includes index. | Audience: Ages 7-10 years
    | Audience: Grades 2-3 | Summary: "Elementary-level text and
    engaging sports photos highlight the Oakland Athletics' MLB World
    Series wins and losses, plus sensational players associated with
    the professional baseball team such as Barry Zito"-- Provided by
    publisher.
Identifiers: LCCN 2023015534 (print) | LCCN 2023015535 (ebook) | ISBN
    9781640269521 (library binding) | ISBN 9781682775028 (paperback)
    | ISBN 9781640269767 (ebook)
Subjects: LCSH: Oakland Athletics (Baseball team)--History--Juvenile
    literature. | Kansas City Athletics (Baseball team)--History--
    Juvenile literature. | Philadelphia Athletics (Baseball team)--
    History--Juvenile literature. | World Series (Baseball)--History--
    Juvenile literature. | American League of Professional Baseball
    Clubs--Juvenile literature. | Major League Baseball (Organization)-
    -History--Juvenile literature. | Baseball--California--Oakland--
    History--Juvenile literature.
Classification: LCC GV875.O24 T5718 2024 (print) | LCC GV875.O24
    (ebook) | DDC 796.357/640979466--dc23/eng/20230412

Impreso en China

El lanzador Rollie Fingers

CONTENIDO

El hogar de los Athletics

Oakland, California, es una ciudad vibrante cerca del Océano Pacífico. El equipo de béisbol de los Athletics juega allí sus partidos locales. El equipo a menudo se llama los "A's." A los jugadores y aficionados les encanta disfrutar el sol en un **estadio** llamado Oakland-Alameda County Coliseum.

Los Oakland Athletics son un equipo de béisbol de la Major League Baseball (MLB). Compiten en la División Oeste de la American League (AL). Sus **rivales** son Los Angeles Angels. Todos los equipos de la MLB quieren ganar la World Series y convertirse en campeones. ¡Los A's lo han hecho nueve veces!

El segunda base Eddie Collins

Nombrando a los Athletics

Oakland es el tercer hogar de los Athletics. El club comenzó en Philadelphia, Pennsylvania, y después se fue a Kansas City, Missouri. En las tres ciudades se han llamado los Athletics. El nombre proviene del Athletic Club de Philadelphia, el primer equipo de béisbol amateur de la ciudad.

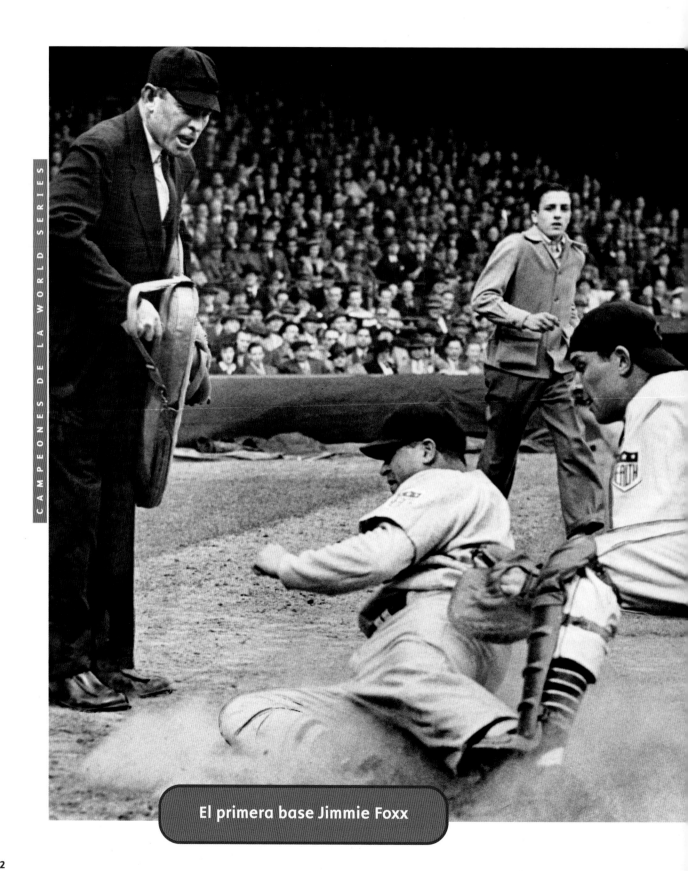

El primera base Jimmie Foxx

Historia de los Athletics

L a AL se formó en 1901. Los Athletics fueron uno de sus primeros equipos. Fueron ganadores de inmediato. Ganaron el **banderín** de la AL en 1902. Eddie Collins y John "Home Run" Baker fueron dos estrellas del bate en sus primeras épocas. Ellos ayudaron al equipo a ganar tres **títulos** de la World Series, de 1910 a 1913.

Los A's ganaron tres banderines de la AL consecutivos de 1929 a 1931. También ganaron dos World Series más. Jimmie Foxx bateó muchos jonrones. El zurdo Robert "Lefty" Grove ponchó a los bateadores.

Luego los A's cayeron en un gran **slump**. Se mudaron a Kansas City en 1955 y Oakland en 1968. Finalmente volvieron a las **eliminatorias** en 1971. Aparecieron en la World Series tres años consecutivos de 1972 a 1974, ¡y ganaron los tres! El jardinero Reggie Jackson impulsó muchas carreras. Jugó en seis Juegos de Estrellas como un Athletic. También ganó un premio al jugador más valioso de la AL.

El jardinero Reggie Jackson

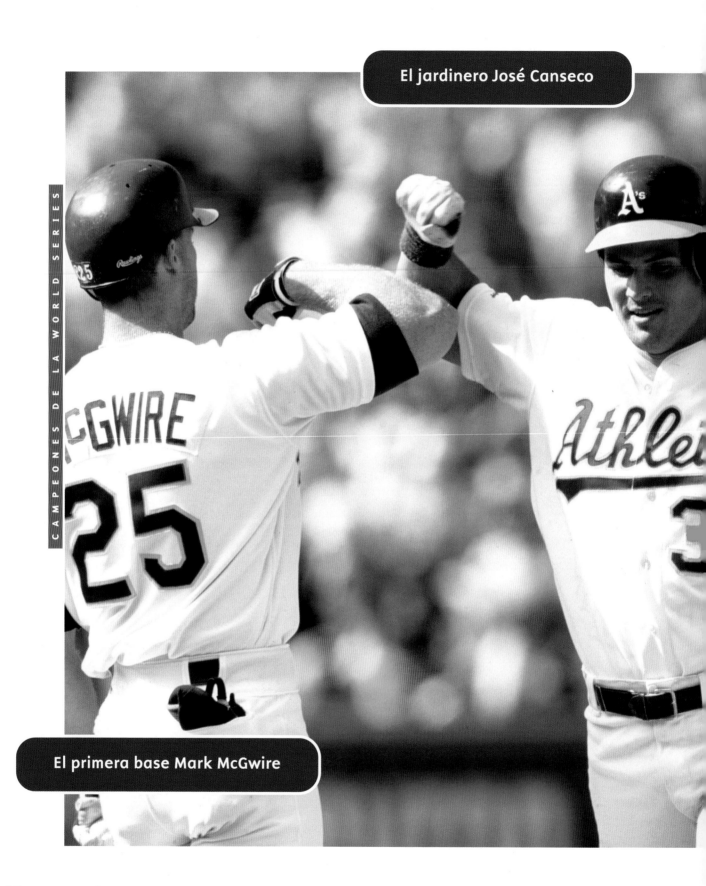

El jardinero José Canseco

El primera base Mark McGwire

Oakland llegó a tres World Series más, de 1988 a 1990. Ganaron su noveno título en 1989. Arrasaron a los San Francisco Giants. Los bateadores Mark McGwire y José Canseco eran conocidos como los "Bash Brothers." Bateaban las bolas con fuerza y las bateaban lejos.

Otras estrellas de los Athletics

Los A's han tenido a muchas estrellas. El jardinero Rickey Henderson robó muchas bases. Nadie más enel béisbol robó más que él. El campo del Oakland-Alameda County Coliseum lleva su nombre en su honor.

El lanzador Eddie Plank ganó más de 300 partidos. Está en el **Salón de la Fama** del béisbol. En la década de 2000, los lanzadores Tim Hudson y Barry Zito se destacaron.

El jardinero Rickey Henderson

El lanzador Paul Blackburn

El lanzador de los Juegos de Estrellas Paul Blackburn es un nuevo líder. También lo es el jugador de cuadro Seth Brown. Los aficionados esperan que ellos puedan llevar pronto un campeonato al Oakland-Alameda County Coliseum.

Sobre los Athletics

Comenzaron a jugar en: 1901

Liga/división: Liga Americana, División Oeste

Colores del equipo: verde y dorado

Estadio local: Oakland-Alameda County Coliseum

CAMPEONATOS DE LA WORLD SERIES:

1910, 4 juegos a 1, venciendo a los Chicago Cubs

1911, 4 juegos a 2, venciendo a los New York Giants

1913, 4 juegos a 1, venciendo a los New York Giants

1929, 4 juegos a 1, venciendo a los Chicago Cubs

1930, 4 juegos a 2, venciendo a los St. Louis Cardinals

1972, 4 juegos a 3, venciendo a los Cincinnati Reds

1973, 4 juegos a 3, venciendo a los New York Mets

1974, 4 juegos a 1, venciendo a Los Angeles Dodgers

1989, 4 juegos a 0, venciendo a los San Francisco Giants

Sitio web de los Oakland Athletics: www.mlb.com/athletics

Glosario

banderín: el campeonato de una liga; el equipo que gana un banderín juega en la World Series

....

eliminatorias: partidos que juegan los mejores equipos después de una temporada para ver quién será el campeón

....

estadio: un edificio con niveles de asientos para los espectadores

....

rival: un equipo que juega muy duro contra otro equipo

....

Salón de la Fama: museo donde se honra a los mejores jugadores de todos los tiempos

....

slump: un período de tiempo cuando un equipo pierde más partidos de los que gana

....

título: otra forma de decir campeonato

....

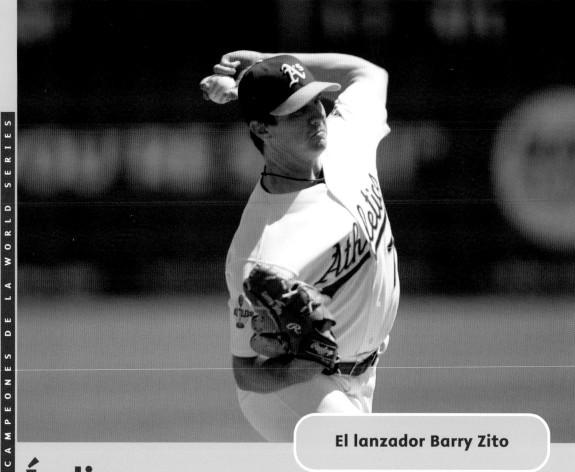

El lanzador Barry Zito

Índice